I0154610

Henry Standish Esq.

ŒUVRES

DE

LA BRUYÈRE

ALBUM

PARIS. — IMPRIMERIE A. LAHURE
Rue de Fleurus, 9

OEUVRES

DE

LA BRUYÈRE

NOUVELLE ÉDITION

REVUE SUR LES PLUS ANCIENNES IMPRESSIONS
ET LES AUTOGRAPHES

ET AUGMENTÉE

de morceaux inédits, de variantes, de notices, de notes, d'un lexique des mots
et locutions remarquables, d'un portrait, de fac-simile, etc.

PAR M. G. SERVOIS

ALBUM

PARIS

LIBRAIRIE HACHETTE ET Cᴵᵉ

BOULEVARD SAINT-GERMAIN, Nᵒ 79

1882

ARMOIRIES DE LA FAMILLE
DE LA BRUYÈRE

1° ARMOIRIES de Louis I de la Bruyère, contrôleur général des rentes de l'Hôtel de Ville, et de Jean II de la Bruyère, secrétaire du Roi (père et oncle de l'auteur). — L'écusson original est gravé sur leur pierre tumulaire, dans l'église Saint-Nicolas-des-Champs : voyez, dans l'*Album*, la planche qui la représente.

(Planche coloriée.)

L'écusson de la pierre tumulaire ayant été gravé sur les indications soit de la Bruyère, soit de sa mère, soit de son frère Louis II, nou pouvons y voir la fidèle figuration de son blason, bien que les pièces y diffèrent quelque peu de celles que son plus jeune frère, Robert-Pierre, adopta ou accepta en 1697, et que reproduit la planche au trait qui suit la planche coloriée.

Les émaux des armoiries de Louis I et de Jean II n'étant pas indiqués sur la pierre tombale, on les a restitués d'après le blason de Robert-Pierre, et c'est ainsi que sur la planche le champ est d'azur, les étoiles (remplacées pour Robert-Pierre par des molettes) sont d'or, et le croissant, d'hermines. Les tiges de bruyère ne se retrouvent pas dans les armoiries de Robert-Pierre : on a pu toutefois, sans grande hésitation, les blasonner d'or, car le plus souvent l'or est le métal des tiges de verdure, comme le sinople en est la couleur. Mais de quel métal blasonner le chevron ? Dans les armoiries peintes de Robert-Pierre, l'*Armorial général* le laisse en blanc, ce qui pourrait permettre de le blasonner d'argent, si, sur ce point, le texte du même *Armorial* ne gardait le silence : les commissaires n'auraient-ils pas dit, s'ils l'avaient su, que le chevron des armes de Robert-Pierre était d'argent ? ne serait-ce point par ignorance qu'ils se sont tus ? Dans le doute, et par scrupule, le chevron n'a pas été émaillé sur la planche ci-jointe.

On retrouve, à une variante près (deux tiges de bruyère en place de deux racines), le blason de Robert-Pierre dans les armoiries attribuée à un la Bruyère du Beaujolais par M. le baron F. de la Roche la Carelle

(*Histoire du Beaujolais et des sires de Beaujeu*, 1853, tome II, p. 237), et, à son exemple, par l'auteur de l'*Armorial du Lyonnais* (1860, planche 12); le chevron étant d'or dans l'un et l'autre ouvrage, on aurait pu accepter comme d'or le chevron de nos la Bruyère, si leur homonyme du Beaujolais avait eu quelque lien de famille avec eux, ainsi que paraissait l'indiquer la communauté du blason. Mais il n'en est rien : l'auteur de l'*Armorial du Lyonnais*, M. A. Steyert, qui a bien voulu nous faire part de ses nouvelles recherches sur le la Bruyère du Beaujolais, nous a fait savoir qu'aucune raison n'avait autorisé M. de la Roche la Carelle à lui attribuer le blason de la famille parisienne des la Bruyère.

L'écusson de la dalle de Saint-Nicolas-des-Champs et le blason de Robert-Pierre, enregistré par d'Hozier, sont donc les seuls documents que l'on puisse consulter sur les armoiries adoptées par les la Bruyère de Paris. Complétant les indications du premier par les indications du second, nous définissons ainsi celles du père et de l'oncle de l'auteur des *Caractères* : *D'azur à deux bâtons écotés mis en chevron d'argent, accompagnés de deux étoiles d'or en chef et d'un croissant d'hermines en pointe, soutenant une touffe de bruyères.*

ARMES DE LA BRUYÈRE

Ch. Millon de Montherlant pinx.   Lith. Lemercier & Cie, Paris.

2° ARMOIRIES de Robert-Pierre de la Bruyère (le
plus jeune des deux frères de l'auteur), d'après
l'*Armorial général de la France* (Bibliothèque
nationale, département des manuscrits, *Paris*,
tome II, p. 580, pour le texte, et tome XXIII,
p. 601, pour le dessin).

(Planche au trait.)

Robert-Pierre de la Bruyère fit enregistrer ses armoiries en 1697,
comme l'y obligeait l'édit de novembre 1696. D'après l'*Armorial général*,
il portait : *D'azur, à deux racines de bruyère mises en chevron, accompagnées
en chef de deux molettes d'or, et d'un croissant d'hermines en pointe.*

Ce ne sont plus exactement les figures de l'écusson gravé sur la tombe
de son père et de son oncle. Les étoiles sont devenues des molettes ;
les bâtons écotés, des racines ; et du croissant ne sortent plus des tiges
fleuries de bruyères.

Robert-Pierre avait-il perdu, en 1697, le souvenir exact du blason que
ses frères avaient fait graver sur la tombe de leur père, en 1672, alors
qu'il avait dix-huit ans ? A-t-il voulu le simplifier ? Les commissaires ont-
ils reçu de lui des déclarations ou des notes incomplètes ? Leur a-t-il
fourni une empreinte de cachet sur lequel ils n'ont pu lire le métal
du chevron ? Entre ces conjectures, nous ne savons quelle est la plus vrai-
semblable.

ARMES DE ROBERT-PIERRE DE LA BRUYÈRE.

PORTRAITS DE JEAN DE LA BRUYÈRE

1° Portrait de Jean de la Bruyère

D'APRÈS UN TABLEAU DU MUSÉE DE VERSAILLES.

Ce portrait a été photogravé d'après le tableau 4277 du Musée de Versailles (hauteur, 0,31; largeur, 0,26; cuivre; forme ovale), qui représente un personnage à perruque blonde et à manteau rouge, et qui, suivant la *Notice du Musée*, rédigée par Eudore Soulié (3ᵉ partie, p. 338), est l'image de la Bruyère.

Sans nous départir des réserves que nous avons exprimées sur l'authenticité de cette attribution (tome III, 1ʳᵉ partie, p. 177), nous ne croyons pas devoir écarter de cet *Album* le portrait qui a été jugé digne de figurer, avec le nom de la Bruyère, dans l'édition illustrée de Saint-Simon. Une note de M. de Boislisle (*OEuvres de Saint-Simon*, 1881, tome III, p. 84, note 1) nous apprend d'ailleurs qu'« il se trouve offrir de la ressemblance » avec un portrait qui est conservé au château de Mouchy, et que l'on y considère comme représentant la Bruyère.

Le portrait de Versailles, qui, ainsi que nous l'avons dit, avait été mis de côté pendant le séjour du Parlement au Palais de Versailles, a aujourd'hui repris sa place.

JEAN DE LABRUYÈRE

Photogravure de Imp Goupil & Cᵉ

2° PORTRAIT DE JEAN DE LA BRUYÈRE
D'APRÈS PIERRE DREVET.

Ce portrait a été dessiné par M. Auguste Sandoz,
d'après Pierre Drevet, et gravé par MM. Meunier et Darodes. La gravure de Pierre Drevet,
d'après Saint-Jean, se trouve en tête de la *Suite
des Caractères de Théophraste et des mœurs
de ce siècle,* publiée, à la fin de l'année 1699, par
la veuve d'Étienne Michallet. (Voyez tome III,
1ʳᵉ partie, p. 176 et 177.)

Au-dessous de la gravure qui accompagne la *Suite des Caractères*, il n'y
a d'autre inscription que celle des vers attribués à Boileau. L'inscription
qui a été ajoutée à la gravure de notre *Album* a été prise d'un autre
portrait, et elle contient une double erreur : 1644 pour 1645, et « mort
à Paris », pour « mort à Versailles ». (Voyez la *Notice biographique*.)

Ce portrait est le seul, à notre avis, dont l'authenticité soit très-vrai-
semblable. Sollicitée de publier l'image de l'auteur des *Caractères*,
Mᵐᵉ Michallet, qui l'avait bien connu, dit avoir choisi, parmi tous
« les portraits... de cet homme illustre, » l'un de ceux qui lui ressem-
blaient « parfaitement, » et l'avoir fait graver « avec tout le soin possible ».
Aurait-elle osé, trois années après la mort de la Bruyère, le présenter au
public sous des traits qui n'eussent pas été les siens ? L'impression des
Caractères apocryphes, qu'elle eut le tort de lui prêter, a soulevé contre
leur auteur (non pas contre elle, qui pouvait être, à la rigueur, de
bonne foi) la colère et l'indignation de l'abbé de la Bruyère; mais ni
l'abbé ni aucun autre contemporain n'ont protesté contre l'attribution du
portrait gravé par Drevet.

AB. DE LA BRUYÈRE
Né en 1645 — Mort en 1696

d'après S¹ Jean   Gravé par Meunier et Darodes

Imp Ch. Chardon aîné Paris

FAC-SIMILÉS D'AUTOGRAPHES

ÉPITAPHE DE LOUIS II DE LA BRUYÈRE ET DE JEAN II DE LA BRUYÈRE, PÈRE ET ONCLE DE L'AUTEUR DES *Caractères*.

(Église Saint-Nicolas-des-Champs.)

Cette épitaphe est gravée en lettres d'or sur une pierre tumulaire de marbre noir (hauteur, 0,76; largeur, 0,58), l'une de celles dont, à une époque récente, on a formé le dallage de la chapelle Saint-Vincent-de-Paul de l'église Saint-Nicolas-des-Champs, rue Saint-Martin, à Paris : cette chapelle est la onzième, du côté nord ; la pierre tombale y est engagée, aux trois quarts, sous un confessionnal. L'inscription a été reproduite au tome Ier des *Inscriptions de la France du ve siècle au xviiie*, recueillies et publiées par M. F. de Guilhermy (p. 238), dans la collection des *Documents inédits sur l'histoire de France* (1873). L'écusson n'est pas gravé « à la suite, » comme il est dit dans les *Inscriptions de la France*, mais en tête de l'épitaphe. La dernière ligne, à demi effacée aujourd'hui par les pas des fidèles, a été lue par M. de Guilhermy : *Priez Dieu pour leurs âmes.*

Voyez sur Louis de la Bruyère, contrôleur général des rentes de l'Hôtel de ville, la *Notice biographique*, p. xxv et suivantes, et sur Jean de la Bruyère, secrétaire du Roi, *ibidem*, p. xxvi et xxx-xxxii.

Louis de la Bruyère fut inhumé, deux jours après sa mort, le jeudi 9 septembre 1666, « en l'église, » où un service complet fut « chanté à son intention, le corps présent, avec l'assistance de Monsieur le Curé et de quarante prêtres. » (*Archives de l'état civil de la ville de Paris*, aujourd'hui détruites.)

Son frère Jean de la Bruyère, mort le 27 décembre 1671, fut inhumé à côté de lui, suivant le vœu exprimé dans son testament, le 29 décembre, et leur commune épitaphe fut placée sur une dalle de marbre dont les comptes de la famille donnent le prix : 24 livres.

L'inscription, gravée cinq ans après la mort du père de l'auteur des *Caractères*, date inexactement de l'année 1657 la mort de Louis de la Bruyère : il mourut, nous venons de le dire, en 1666.

ICY REPOSENT LES CORPS DE DEFFVNT
LOVIS DE LA BRVYERE CONSEILLER DV ROY
CONTROLLEVR GENERAL DES RENTES DE
L'HOTEL DE VILLE DE PARIS LEQVEL DÉCÉDA
LE VII. DE SEPTEMBRE EN L'ANNEE M.VI.ᶜ LVII
A'AGE' DE LVII. ANS.

ET DE DEFFVNT IEAN DE LA BRVYERE SON
FRERE CONSEILLER SECRETAIRE DV ROY
MAISON COVRONNE DE FRANCE ET DE SES
FINANCES. LEQVEL DÉCÉDA LE XXVII DE
DECEMBRE EN L'ANNEE M.VI.ᶜ LXXI A'AGÉ
DE. LV. ANS

Pries Dieu *pour eux*

EPITAPHE DE LOUIS II DE LA BRUYÈRE ET DE JEAN II DE LA BRUYÈRE

1° Supplique présentée par Jean de la Bruyère, le 3 juin 1665, pour soutenir ses thèses à l'université d'Orléans et prendre ses licences ès deux droits. (Voyez la *Notice biographique*, p. xxviii et xxix.) L'original, écrit de la main du candidat, comme toutes les pièces semblables contenues dans le même registre, est aux Archives départementales du Loiret, *Registre des suppliques* (du 12 mars 1638 au 5 janvier 1672, fol. 656 r°).

Comme l'écriture de notre auteur, fort différente dans ces deux fac-similés de ce qu'elle est dans les suivants, pourrait n'être pas très lisible pour tous les lecteurs, nous croyons devoir en reproduire le texte :

J'ay soubsigné certifie que j'ay ce jourdhuy présenté mes Thèses de droit imprimées du Tiltre de *Tutelis et donaoibus (donationibus)* à messieurs les docteurs de l'université d'Orléans, pour, icelles soustenues dans les escoles de droict, avoir mon degré de licentié ès deux droits. Faict le troisiesme jour de juin mil six cens soixante quatre.

Joannès Dela Bruyère

Parisinus.

La formule initiale aurait dû être : *Je soubsigné.* — *Droit* est écrit deux fois sans *c* et une fois avec *c*. — Le signe d'abréviation qu'il faudrait au-dessus du mot abrégé *donaoibus* a été omis. — La date, comme nous l'avons fait remarquer dans la *Notice*, est inexacte : c'est le 3 juin 1665, et non 1664, que la Bruyère soutint ses thèses.

2ᵉ INSCRIPTION de licence de Jean de la Bruyère. (Voyez la *Notice biographique*, p. XXIX). — L'original est aux Archives départementales du Loiret, *Registre des inscriptions des licenciés* (du 1ᵉʳ janvier 1665 au 31 décembre 1665, fol. 11 v⁰). Ce registre est signé et parafé par François Beauharnois, président et lieutenant général du bailliage et présidial d'Orléans.

Voici le texte :

Je soubsigné Jean Delabruyere, du diocèse de Paris, ay ce jourdhuy pris mes Licences par Acte public sur Thèses imprimées *de Tutelis et donationibus.* Faict ce Le (*sic*) troisiesme jour de juin mil six cens soixante cinq.

DᵉLA BRUYÈRE.

D'une autre écriture :

Veu lesdictes Thèses imprimées et certifficat. (*certification*) des docteurs regens en l'Université.

Notre regretté confrère, M. Maupré, archiviste du Loiret, et son successeur, M. Doinel, nous ont obligeamment fourni les renseignements dont nous avons eu besoin sur les deux registres de l'Université

Je soussigné Jean D... en droit de ... paru ... et Maindroy ... vent ... ... par ... grâce [?] Sur ... imprimant ... Cahier et ... ... fait ... D... ... ... mes ... ... soixant ...

De la Couture

3° LETTRE de la Bruyère au grand Condé. (Voyez tome II, p. 506, lettre XVI.) — L'original est dans les Archives des Condé, au château de Chantilly.

Monseigneur

Je voudrois aller si uiste dans les estudes de monsieur
le duc de bourbon quil y eust tous les jours quelques nouuelles
choses a vous mander sur le progres quil y fait, elles ont
esté un peu interrompues par la deuotion des dernieres
festes et les repetitions du carrouzel nous sommes cependant
depuis quelques jours dans le son train et son auant dans la
uie de françois premier quil escrite auec asses dapplication
rapporte tout le son dont ie suis capable pour len rendre instruit
et des autres estudes dont uostre altesse ma chargé et dont iespere
luy en rendre compte a lordmaire ie suis auec un profond respect
Monseigneur   de uostre altesse S.
          Le tres humble et tres obeissant seruiteur.
                    dela bruyere

A Son Altesse S.

Monseigneur le prince
A Chantilly

4° LETTRE de la Bruyère à Phélypeaux, comte de
Pontchartrain. (Voyez tome III, 1re partie,
p. 238-242). — L'original est à la Bibliothèque
nationale, vitrine xxxii de la galerie Mazarine,
n° 356.

a versaille le 18 meilleur

Apres vous avoir entretenu monseigneur de
choses tout a fait importantes dans les dernieres
depeches que jay eu l'honneur de vous envoyer
et que iay rentes du stile le plus serieux et le
plus convenable au sujet qu'il m'a ete possible,
iay cru que il devois dans cette lettre vous rendre
compte des nouvelles qui ont le plus de liaison —
auec les affaires publiques, et que par cette raison il
est plus capital dans le poste ou vous etes que vous
n'ignoriez pas: auant hyer monseigneur sur
les sept heures du soir les plombs de la gouttiere
qui est sous la fenestre de ma chambre se
trouuerent enuer si eschauffez du soleil qui auoit

brille tout le jour, que j'y fis cuir un gasteau, galette
fouée ou fouasse que je trouuay excellente; vous voyez
sans peine auec uotre sagacité ordinaire de quelle
vtilité cela peut etre aux interetz de la ligue, et je
ne vous annonce cette particularité qu'auec le deplaisir
que vous pouuez vous imaginer : le temps hyer de
couurit et menaca de la pluye toute l'apresdinée;
il ne plut pas neamoins; aujourdhuy il a plû ;
s'il pleuuera demain ou s'il ne pleuuera pas, est
un mystere. ce que ne puis ~~xxxxx xxxx~~ decider quand
le salut de toute l'Europe en deuroit dependre : je
crois auec cela moralement ~~parlant~~ qu'il tombera
un peu de pluye, et que des que la pluye aura cessé
il ne pleuuera plus a moins que la pluye ne
recommence : mais a propos de pluye les beaux
plans et les belles eaux que celles ~~xxx xxx~~ d'une
maison que j'ay ueüe dans un uallon en deca de
la tour de montfort, la belle, la noble simplicité

qui regne jusqu'à present dans ses batimens; voudrion
on bien ne s'en point ennuyer; il faut l'avouer
nettement et sans detour; ie suis fou de pontchar-
de ses tenans et aboutissans ses contraintes et —
dependances; si vous ne me faites entrer a —
pontchartrain, ie romps avec vous monseigneur
avec notre mons.r de la tourbe avec les ... flo...
et qui pis est avec maj.r et mad.e de pontchartrain,
avec celle que vous epouserez, avec tout ce qui —
naitra de vous, avec leurs parreins et leurs
marreines, avec leurs meres nourrices, c'est une
maladie c'est une fureur. comment donc vou...
conter dans letat ou ie suis le fait de n. olon
et du major Brizai. leurs avantures; muse
inspire moy, et ne me laisse pas dans une —
matiere si grave avancer rien de ridicule
le comte de gramimont a dit au roy tres
chrestien, vous devez pardonner sire comme
vous voulez que l'on vous pardonne, il la fait

Sur cela ressouvenir du pater noster, le patenoster
mgr en cette oraison d'ont mr le nôtre fait tant
de cas qu'est en vous scavoir l'autheur, revenons
au comte de grammont, il a dit au roy que
peut-être le Brouilleroit il avec le roy de maroc
s'il ne vangeoit pas l'injure faite a St olon donc
Sa majesté maroquine estoit si contente, mais
qu'aussi feroit il un plaisir singulier a la
republique de genes : le reste vous aura été
servir de plusieurs endroits, ainsi je suis avec
mon respect ordinaire

Monseigneur

Votre tres humble et
tres obeissant serviteur
delaBruyere

www.ingramcontent.com/pod-product-compliance
Lightning Source LLC
LaVergne TN
LVHW052150080426
835511LV00009B/1771